AF596425

J. MIRET Y SANS

LE ROI LOUIS VII

ET

LE COMTE DE BARCELONE

A JACA EN 1155

PARIS (VIe)
LIBRAIRIE ANCIENNE HONORÉ CHAMPION, EDITEUR
QUAI MALAQUAIS 5

EXTRAIT DU MOYEN AGE

2e Série, Tome XVI

(Septembre-Octobre 1912)

LE ROI LOUIS VII

ET

LE COMTE DE BARCELONE

A JACA EN 1155

Malgré tout ce que l'on a déjà écrit sur le voyage de Louis le Jeune à Saint-Jacques de Galice, il est encore possible d'apporter sur ce point quelques éclaircissements et d'y ajouter des précisions nouvelles : c'est ce que nous essaierons de faire en utilisant surtout un document que nous avons récemment découvert dans le Cartulaire de l'ancien monastère aragonais de Beruela.

Deux chroniqueurs contemporains du roi Louis, Robert de Torigny, abbé du Mont-Saint-Michel et Raoul *de Diceto,* doyen de Saint-Paul de Londres, furent les premiers à mentionner dans leurs chroniques le célèbre pèlerinage du souverain français à Compostelle. Cependant, nous inclinons à croire que le second a simplement emprunté au premier cette mention, à moins, que tous deux ne l'aient puisée presque simultanément à une même source. Robert de Torigny écrit : « Ludovicus, rex Francorum, duxit uxorem filiam Anforsi regis Hispaniarum. Caput regni huius regis civitas est Toletum : quem, quia principatur regulis Arragonum et Galliciæ, imperatorem Hispaniarum appellant. » « Ludovicus, rex Francorum, gratia orationis perrexit ad Sanctum Jacobum de Gallicia, et ab imperatore Hispaniarum, socero suo, favorabiliter in Hispania susceptus est[1]. »

Raoul *de Diceto* place aussi cet évènement à l'année 1154 et dit : « Ludovicus, rex Francorum, duxit uxorem C. filiam Adelfunsi, regis Hispanie. Caput regni huius regis civitas est Toletum : quem, quia principatur regulis Aragonie et Gallicie, imperatorem Hispaniarum appellant. » « Ludovicus, rex Francorum, orationis causa perrexit ad Sanctum Jacobum[2]. » C'est, on le voit, à peu près mot pour mot, le texte de Robert de Torigny.

Don Rodrigo Ximenez de Rada, archevêque de Tolède, qui parle aussi de ce voyage, ne peut bénéficier de la même autorité que l'abbé du Mont-Saint-Michel et le doyen de Londres, puisqu'il vécut à une époque postérieure au pèlerinage de Louis VII ; mais, comme il habitait le territoire même parcouru par le roi de France, il put recueillir plus de détails sur cet évènement, lequel, par son caractère extraordinaire et fastueux, dut sûrement laisser de durables et profonds souvenirs parmi les populations espagnoles. C'est Don Rodrigo qui, le premier, a raconté le motif véritable du pèlerinage royal. D'après lui, pour brouiller Louis VII et son beau-père Alphonse de Castille, on aurait répandu le bruit que la reine Constance n'était qu'une fille naturelle de ce dernier ; et le voyage à Saint-Jacques aurait servi de prétexte au roi de France pour s'assurer par lui-même en Espagne des fondements de cette médisance. Le chroniqueur espagnol ajoute que Louis fut reçu à Tolède avec un très grand éclat : « ... Admiratus omnia dixit coram omnibus protestatus, similem curiam, similem apparatum in orbis ambitu nusquam esse, nec

1. *Chronique de Robert de Torigny, abbé du Mont-Saint-Michel*, publ. par L. Delisle (Société de l'histoire de Normandie, Rouen, 1872), t. I, p. 282 et 288-289.

2. *Imagines historiarum*, par Raoul de Diceto, dans Twysden, *Anglic. rerum Scriptores*, X (Londres, 1652).

tantam supellectilem se vidisse. Tunc imperator, ostendens ei comitem Barcinone qui in magno et honorabili apparatu erat, etc. [1]. »

Mais Don Rodrigo, de même que Lucas de Tuy, n'ont rien dit du passage de Louis VII à Jaca, en compagnie du comte de Barcelone. Lucas *Tudensis*, qui écrivait plus d'un siècle après le voyage, a reproduit les mêmes informations données par l'archevêque, et sur les causes du pèlerinage il écrit que le roi « turbatus, simulans se causa orationis ad S. Jacobum venire, venit in Hispaniam, cupiens experiri utrum verum esset quod sibi maligni dixerant detractores [2]. »

Dans les chroniques catalanes et aragonaises, aussi bien dans les *Gesta comitum Barcinonensium,* que dans l'anonyme de Saint-Jean de la Penya, dans Tomich et Carbonell, on ne trouve aucune mention de cet évènement historique. Il faut arriver au XVIe siècle pour en trouver le récit chez les historiens espagnols. Garibay et Zurita en donnèrent des relations, et le dernier y a ajouté la mention du passage du roi à Jaca. Diago, qui écrivit un demi-siècle après Zurita, a reproduit le récit de Don Rodrigo, encore qu'il doute de la date exacte de l'évènement, qu'il croit pouvoir placer en l'année 1155 ; enfin Pujades, qui a écrit quelques années après Diago, la *Cronica de Cataluna,* se montre plus affirmatif et adopte, à l'instar de Zurita et de Garibay, la date de 1154.

Pagi, dans sa *Critica in universos annales ecclesiastiquos Baronii,* crut comme Diago que le pèlerinage royal eut lieu en 1155. Mais l'opinion de Pagi ne tarda pas à être repoussée par les Bénédictins dans l'*Histoire générale de Languedoc.* Dom de Vic et Dom Vaissette ont bien établi

1. *De rebus Hispanie libri IX*, par Rodrigo Ximenez de Rada, dans *Recueil des Historiens de la France*, t. XII, p. 383.

2. Chronique de Lucas *Tudensis*, dans *Hispania Illustrata* de Scotto, vol. IV.

que l'époque exacte de l'évènement fut la seconde moitié de l'année 1154, et ils fondent leur opinion sur deux diplômes inédits et sur un troisième, déjà connu par Catel et Bréquigny. M. Léopold Delisle a ajouté un quatrième document justificatif, qu'il a indiqué dans les notes de la nouvelle édition de la *Chronique de Robert de Torigny.* A notre tour, nous produisons une cinquième charte que nous venons de découvrir à Madrid.

Quatre de ces documents portent des dates assez précises et nous allons montrer que, malgré un désaccord apparent, ces dates sont tout à fait concordantes.

Voici ces cinq documents qui font mention du voyage de Louis VII :

I. Charte d'Ermengarde, vicomtesse de Narbonne, ainsi datée : « Anno ab incarnacione MCLV, apud Montempessulanum, mense januarii, XVIII kalendas februarii, die sabbati, sub Lodoico, Francorum rege, de Sancto Jacobo redeunte. » Fleury a par erreur ramené cette date à 1156. Vaissette et Delisle maintiennent le millésime 1155 et ils ont raison. Car, le rédacteur de l'acte ayant à la fois indiqué le jour de la semaine et le quantième du mois, il ne peut y avoir aucun doute sur le style; c'est en l'année 1155 de notre style que le 15 janvier tombe un samedi. Le notaire rédacteur de la charte d'Ermengarde suivait donc le style de la Nativité ou du 1er janvier, et par conséquent on doit conserver pour cette charte le millésime de 1155.

II. Charte de Louis VII en faveur de l'église de Maguelonne, sous cette date : « hec autem omnia donavit atque concessit Ludovicus rex Francorum R. Magalonensi episcopo... apud Arsacium, ante fores ecclesie... V idus februarii, in capite jejuniorum, die mercurii, anno dominice incarnacionis MCLV. » Vaissette et Delisle ont réduit cette date au jour des Cendres, 9 février 1155, et l'annotateur de l'édition Privat de l'*Histoire générale de Languedoc* [1], l'a réduite au 9 février 1156. En quoi il s'est trompé car, comme l'a remarqué Luchaire [2], à la suite de Delisle, c'est en 1155 que le 9 février répondit au mercredi des Cendres — *in capite jejuniorum* — et non en 1156.

III. Charte de Louis VII pour les églises Saint-Sernin et de la Daurade de Toulouse, sous cette date : « Ego autem Ludovicus, Dei gracia Francorum rex, rediens a Sancto Jacobo et per Tolosam transiens... Data Tolosæ per manum Rogerii cancellarii regis et abbatis Sancti Euvercii Aurelianensis, anno ab incarnacione Domini MCLIIII. » Vaissette rapporte cette pièce à l'année 1154 (nouveau style), tandis que Delisle adopte la date de février ou mars 1155. Nous verrons plus loin qu'il faut placer l'expédition de cette charte au début de janvier 1155.

IV. Charte de Louis le Jeune pour le prieuré de Jusiers. Elle contient cette mention : « Interim dum eramus in peregrinatione nostra ad Sanctum Jacobum petitum ire beati Apostoli suffragia... » Delisle la croit de 1155. Ce document ne peut en tout cas nous servir à déterminer les dates de l'itinéraire de Louis VII.

V. Charte de Raymond-Bérenger IV, comte de Barcelone et prince d'Aragon, pour le monastère de Sainte-Marie de Beruela, ainsi datée : « Facta carta donationis et confirmationis mense januarii, apud Jacham, assistente ibidem atque hospitante Ledouico, rege Francorum, a peregrinatione Beati Jacobi remeante, a prefato nobilissimo comite cum honore suscepto, anno ab incarnatione Domini nostri Jhesu Xrispti M°C°LIIII°. » Il est certain qu'ici le rédacteur

1. T. V, col. 1193.
2. *Etudes sur les actes de Louis VII*, p. 209, n° 340.

a suivi le style de l'Annonciation ou de Pâques et qu'il s'agit de janvier 1155 (nouveau style). En effet, ce millésime est entraîné par les autres dates de l'itinéraire.

Il est à présent facile d'établir cet itinéraire de Louis VII revenant de Compostelle.

Au début de janvier 1155 (charte n° V), le roi est l'hôte du comte de Barcelone à Jaca. Nous savons qu'il arriva à Montpellier le 15 janvier (charte n° I.)

Et comme on doit bien admettre que le roi avant de gagner Montpellier et Assas passa par Toulouse, on peut ainsi suppléer à l'absence du quantième dans la charte n° III et dire qu'elle fut délivrée après celle datée de Jaca et avant celle datée de Montpellier. Louis VII était donc à Toulouse entre le début de l'année et le 15 janvier 1155. Après avoir passé par Montpellier il se rendit à Assas où on le voit le 9 février 1155 (charte n° II.)

En résumé :

Le roi Louis VII fut :

1° à Jaca, en janvier 1155 (charte n° V).

2° à Toulouse, avant le 15 janvier 1155 (charte n° III).

3° à Montpellier, le 15 janvier 1155 (charte n° I).

4° à Assas, le 9 février 1155 (charte n° II).

La charte du comte de Barcelone datée de Jaca est intéressante à plusieurs titres et il nous paraît nécessaire d'y revenir. Elle se trouve dans le cartulaire du monastère de Beruela (fol. 36), conservé actuellement à l' « Archivo historico nacional », à Madrid. C'est la donation et confirmation du château de Montforte avec ses termes et appartenances, ainsi que du territoire de Beruela, où se trouve édifié le couvent de Sainte-Marie, faites par le comte Raymond-Bérenger IV, pour le salut de son âme, en faveur dudit monastère de l'ordre de Citeaux, lequel avait le tout en propriété allodiale parfaitement libre et avec toutes franchises. Comme nous l'avons déjà dit, la charte est ainsi datée : « Facta carta donationis et confirmationis mense januarii, apud Jacham, assistente ibidem atque hospitante Ledouico, rege Francorum, a peregrinatione Beati Jacobi remeante, a prefato nobilissimo comite cum honore suscepto, anno ab incarnatione Domini nostri Jhesu Xrispti M°C°LIIII° ; huius donationis et confirmationis sunt testes episcopus Barchinonensis, nomine Guillelmus, et frater eius Petrus, episcopus Cesaraugustanus, et Petrus, sacrista Barchinonensis, et Gaufridus, illustris Dertosensis episcopus. Sig † num Raimundi comitis. Sig † num Regis, filii Raimundi comitis Barchinone. Sig † num Guillelmi Raimundi. Signum Arberti de Castelvel. Signum Guillelmi Obiloti. Signum Deusajuda. Signum Arpa. Signum Arnaldi Dalaschun. Signum Fortun Acenareç. Signum Petro de Sancta Cruce. Signum Guillelm Arnalt de Pina. Signum Petro de Valemazane. Signum Auger de Magallon. Signum Fortun Sanç de Bera. Signum de Gonçalvo de Villamaiore. »

Il est intéressant de noter que le *signum* du roi Alphonse Ier, fils de la reine Pétronille d'Aragon et du comte de Barcelone, fut apposé après coup, sur la charte, quelques années après sa date ; en 1155 Alphonse n'était pas encore né, et sûrement il dut apposer son seing à la demande des moines, pour donner plus de force à la concession faite par son père. Il utilisa à cet effet un espace vide dans le document original tout près de la signature du comte et au-dessus de celles des personnages de la cour. C'est là un fait anormal ; mais dont nous avons plusieurs autres exemples.

Il est aussi à remarquer que dans le cortège de Raymond-Bérenger IV figurent l'évêque de Barcelone Guillaume de Torroja, son frère Pierre de Torroja, évêque de Saragosse et celui de Tortose, Geoffroy, qui était originaire de Provence et avait été abbé du monastère de Saint-Ruf jusqu'au moment du rétablissement de l'évêché catalan. On trouve encore parmi les signataires le grand sénéchal Guillaume-Raymond de Montcade, le plus important des personnages politiques de la Catalogne au XIIe siècle, Arbert de Castellvell, oncle de Guillelmette, mariée à Guillaume-Raymond, vicomte de Béarn, Guillaume Obilot, autre personnage qu'on rencontre très souvent dans la suite du comte de Barcelone, et Pierre, chanoine-sacristain du chapitre de Barcelone ; enfin les Aragonais Arnaud d'Alascun, Fortun Aznarez, Guillaume-Arnaud de Pina et quelques autres moins notables. Il est bien probable que tous ces seigneurs avaient accompagné aussi Raymond-Bérenger IV à Tolède pour la réception de Louis VII par son beau-père Alphonse de Castille.

Sans aucun doute le roi de France, au retour de Castille, passa les Pyrénées par l'un des chemins traditionnellement suivis par les pèlerins de Saint-Jacques. D'après le *Liber de Miraculis* de Compostelle, il y avait quatre itinéraires différents pour aller de France en Galice. Un de ceux-ci, en partant d'Arles, passait par Montpellier, Toulouse, l'Isle-Jourdain, Auch, Morlaas, Lescar, Oloron, Urdos, l'Hôpital de Sainte-Christine de Somport, Canfranc et Jaca, vers Puente-la-Reina. C'est cette route que suivit Louis VII pour aller de Jaca à Toulouse. Il serait intéressant de rechercher si le comte de Barcelone accompagna encore le roi de France en Languedoc ou s'il rentra directement en Catalogne par l'Aragon. Mais il faudrait, pour cela, dresser l'itinéraire de Raymond-Bérenger IV, tâche difficile, à cause de la rareté des documents de sa chancellerie datés du lieu où ils furent signés.

Nous ne pouvons que tenter un essai en prenant le comte Raymond-Bérenger à Jaca au mois d'avril 1154, à l'époque où il reçut le célèbre hommage féodal et l'acte de soumission des seigneurs de la vicomté de Béarn. Le mois suivant, il passa par Lérida, où il signa la donation à Guillaume-Ademar d'une maison de la ville en récompense de ses services, « quod fecisti michi in castelanos. » Nous croyons que de Lérida le comte s'achemina vers Saragosse, où il se trouvait au mois de juin ; à cette date, il donne son approbation à l'accord passé entre les Templiers et l'évêque de Lérida, grâce à l'intervention du cardinal légat du Pape. Nous n'avons rien découvert sur l'itinéraire du comte de Barcelone depuis juin jusqu'à octobre (1154). Aux premiers jours de ce dernier mois, il se trouvait à Tortose : il fit alors concession à Galell des maisons qui appartenaient à Ubecar, et à Boniface de la Volta du château de Flix [1].

On perd de nouveau la trace du souverain de la Catalogne jusqu'au 22 février 1155. Ce jour-là, il est à Tarragone, où, conjointement avec l'archevêque et le prince Robert, seigneurs de la ville, il fait donation au couvent de Poblet du territoire dit Dol-de-Llop [2]. Il signa aussi sûrement à Tarragone la « Carta de poblacio » de Cambrils, qui est datée des nones de février 1154 de l'Incarnation, date qui correspond au 5 février 1155 (nouveau style). A Tarragone on trouve encore le sénéchal Guillaume-Raymond de Montcade et Arbert de Castellvell dans le cortège du comte de Barcelone [3].

Après le séjour à Tarragone, il s'écoule sept mois pendant lesquels nous ne savons rien de précis sur les voyages et relais de Raymond-Bérenger. Ce n'est que le 1er novembre (1155) que nous le voyons recevant de Guillaume Fortun l'engagement de se soumettre à une sentence au sujet du château de Villafortun.

Il est donc pour nous infiniment probable que le comte

1. Cartulaire des Templiers de Tortose, doc. 282, archives du Grand Prieuré et *Coleccion de documentos ineditos del Archivo de la Corona de Aragon*, IV, doc. 82.

2. Morera, *Historia del arzobispado de Tarragona*, I, apendix.

3. *Coleccion de documentos ineditos del Archivo de la Corona de Aragon*, VIII, doc. 5.

Raymond-Bérenger partit de Tortose pour Tolède afin d'assister aux fêtes données au roi de France, avant la fin d'octobre 1154, et qu'après il l'accompagna jusqu'à Jaca, pour rentrer en Catalogne en janvier 1155, se dirigeant vers Tarragone. C'est ce qui explique que dans ce retour à Tarragone il fut escorté des mêmes seigneurs catalans que nous avons vus à Jaca, Guillaume-Raymond de Montcade, Arbert de Castellvell et Guillaume Obilot.

De Vic et Vaissette dans l'*Histoire générale de Languedoc*[1] ont publié la concession faite par le comte de Barcelone au monastère de Valmanye, lors de son passage par Montpellier au mois de mars 1155 de l'Incarnation et ils ont maintenu à cet acte la date de 1155 (nouveau style). Nous inclinons à croire que cette charte fut expédiée avant le 25 mars et, par suite, que sa date en style moderne est 1156. Il en est de même pour la charte de donation de la viguerie du lieu de Dosaigues faite par le comte à Pierre-Bérenger de Vilafranca, datée de Narbonne, mars 1155 de l'Incarnation. M. Bofarull, qui l'a publiée dans la *Coleccion de documentos ineditos del Archivo de la Corona de Aragon* (VIII, nº 6), l'a, dans la note marginale, maintenue à la date de 1155 (nouveau style). Nous croyons encore ce document antérieur au 25 mars.

Si l'opinion des Bénédictins et de Bofarull est acceptée, ces chartes prouvent que le comte de Barcelone ne se sépara pas du roi de France à Jaca et qu'il l'accompagna en Languedoc. Heureusement il existe d'autres documents qui établissent que le voyage du comte de Barcelone en Languedoc et en Provence s'accomplit en l'année 1156.

Dans la même *Histoire* des Bénédictins on trouve un autre document, émané du comte Raymond-Bérenger et daté de Montpellier, au mois d'avril 1156. Conjointement avec son neveu, le comte de Provence, il octroie au couvent

1. Edit. Privat, t. V, nº 603.

de Sainte-Marie de Silvanès la franchise ou exemption des impôts dans la ville de Millau[1].

Nous avons aussi des chartes qui justifient que de Montpellier le comte de Barcelone se dirigea vers la Catalogne et que, après quelques mois, il passa de nouveau les Pyrénées pour aller combattre les seigneurs de Baux. Au mois d'octobre 1156, il était en Provence, et y assiégeait Trencataille. Le document de la donation du territoire de Pradella par Eximen de Rada aux Templiers d'Aragon, est ainsi daté : « Fuit ista carta facta in anno quando Comes tenet asitiata Trencatalla, Era MCXCIIII (1156 de l'ère chrétienne). On sait exactement que la prise de Trencataille eut lieu en 1156, comme l'ont dit Bouche, Papon et autres historiens provençaux. Et le parchemin 291 du comte Raymond-Bérenger IV aux Archives de la Couronne d'Aragon porte cette date : « Anno ab incarnatione Domini MCLVI, mense octobris, dum Comes erat in Provincia, recepit Poncius de Guillelmo Agela ornamenta Sancti Martini de Stopanna. »

Il est donc presque certain que Louis VII rentra en Languedoc au retour de Castille au mois de janvier 1155; que Raymond-Bérenger IV se sépara du roi de France à Jaca sans visiter cette année-là le pays de Languedoc ni la Provence, et que ce voyage du comte au-delà des Pyrénées ne s'accomplit qu'en 1156, époque où il passa par Narbonne, Montpellier et Trencataille.

Finalement, sur le motif occulte du voyage de Louis le Jeune en Castille, on ne peut produire de documents qui démentent le récit de l'archevêque Don Rodrigo, mais les observations critiques de quelques auteurs et le silence significatif de Zurita doivent nous mettre en garde contre l'opinion de l'archevêque. Nous nous bornerons, pour conclure, à reproduire le jugement d'Abarca : « Hemos

1. T. V, col. 1179, édit. Privat.

referido el triste motivo y cuidado de la venida del rey Luis... pero el lector sabio puede ya hacer reflexion para dudar si tiene especie de credibilidad el cuento de los chismes y de las disputas de la bastardia de una reyna de Francia hija del rey de Espana... o si la venida del mismo rey de Francia podia imaginarse tan oportuna para averiguar la verdad, como una espia fiel o un diestro embajador. Asi el gran juicio de Zurita aunque discipulo casi ciego del Arzobispo Don Rodrigo, vió que se debia dispensar, para no dar fé a cuento tan inverosimil, que ni lo tuvo por digno de referirlo. »

Abbeville. — Imprimerie F. Paillart.

Abbeville. — Imprimerie F. Paillart.

www.ingramcontent.com/pod-product-compliance
Lightning Source LLC
LaVergne TN
LVHW052036160826
845678LV00003B/1373

* 9 7 8 2 3 2 9 6 3 6 0 3 0 *